Impressum
Verlag: BABADADA GmbH, Nedderfeld 112 , 22529 Hamburg
Geschäftsführer / Verlagsleitung: Harald Hof
Druck: Books on Demand GmbH, In de Tarpen 42, 22848 Norderstedt

Imprint
Publisher: BABADADA GmbH, Nedderfeld 112 , 22529 Hamburg, Germany
Managing Director / Publishing direction: Harald Hof
Print: Books on Demand GmbH, In de Tarpen 42, 22848 Norderstedt

# colegio
# escuela

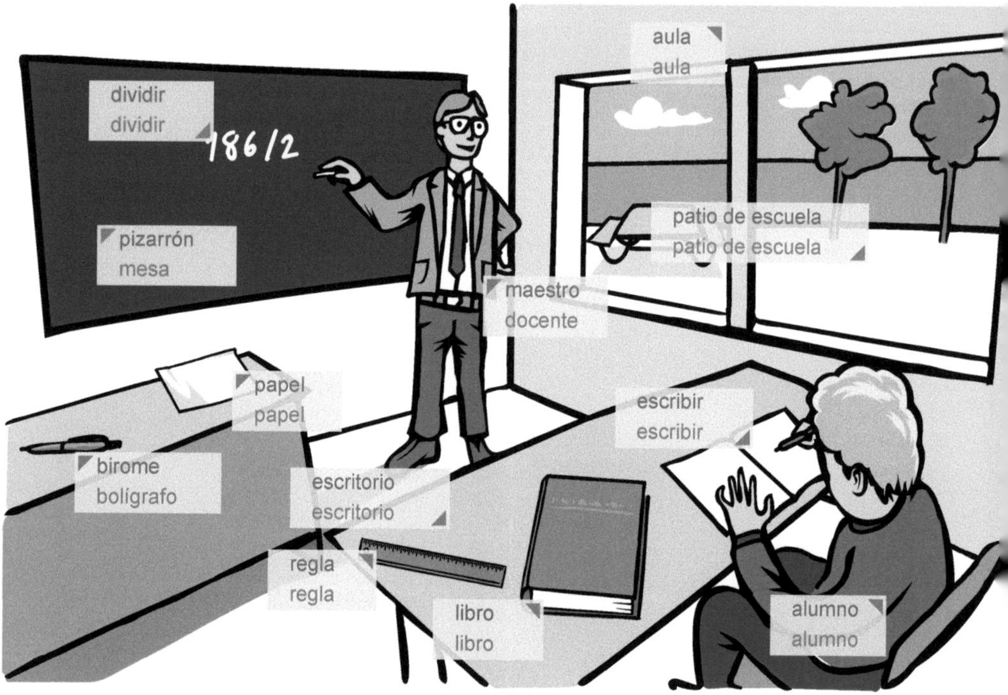

aula
aula
dividir
dividir
186/2
pizarrón
mesa
patio de escuela
patio de escuela
maestro
docente
papel
papel
escribir
escribir
birome
bolígrafo
escritorio
escritorio
regla
regla
libro
libro
alumno
alumno


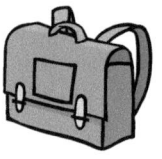

mochila
mochila escolar

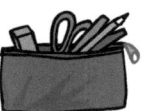

caja de lápices
caja de lápices

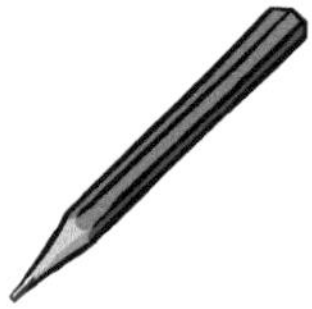

lápiz
lápiz

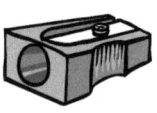

sacapuntas
sacapuntas

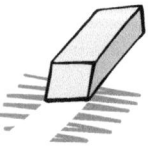

goma (de borrar)
goma de borrar

bloc de dibujo
bloc de dibujo

dibujo

dibujo

pincel

pincel

caja de pinturas

caja de pinturas

tijera

tijera

pegamento

pegamento

cuaderno de ejercicios

libro de ejercicios

tarea

tarea

número

número

sumar

sumar

restar

restar

multiplicar

multiplicar

calcular

calcular

letra

letra

abecedario

alfabeto

palabra

palabra

texto

texto

leer

leer

tiza

tiza

lección

lección

cuaderno de clase

libro de clase

examen

examen

certificado

certificado

uniforme escolar

uniforme escolar

educación

educación

enciclopedia

enciclopedia

universidad

universidad

microscopio

microscopio

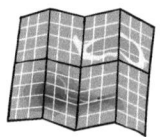

mapa

mapa

tacho (de basura)

cesto de papeles

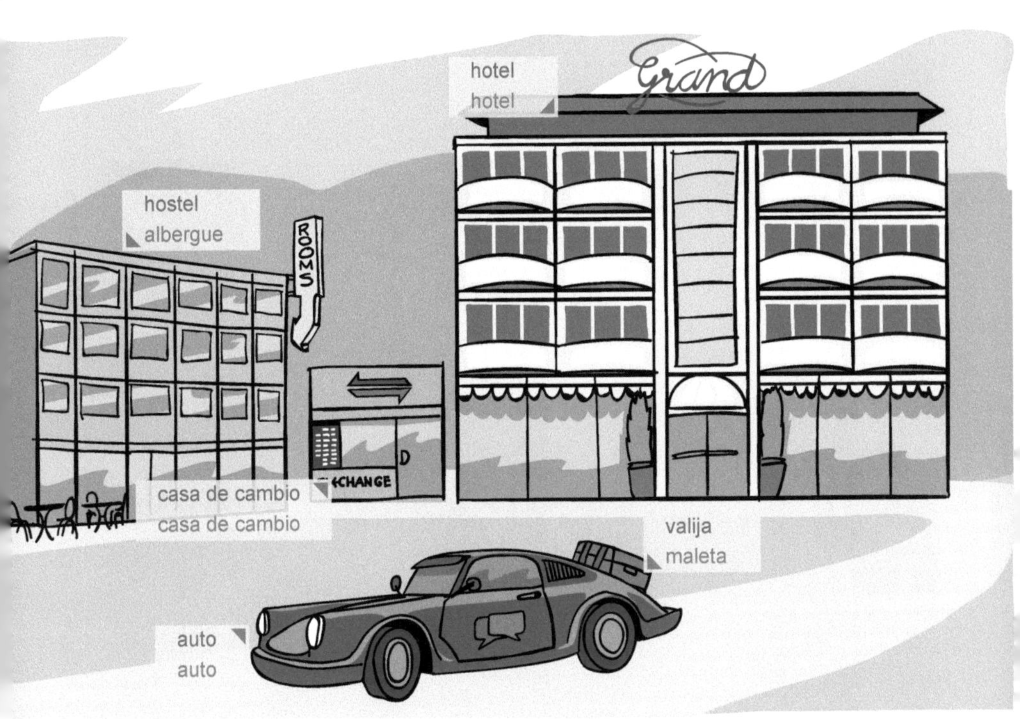

hotel
hotel
Grand
hostel
albergue
ROOMS
EXCHANGE
casa de cambio
casa de cambio
valija
maleta
auto
auto

idioma

idioma

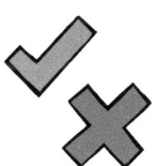

sí / no

sí / no

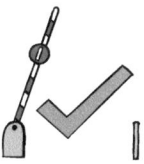

Está bien

ok

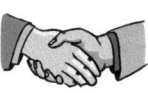

hola

hola

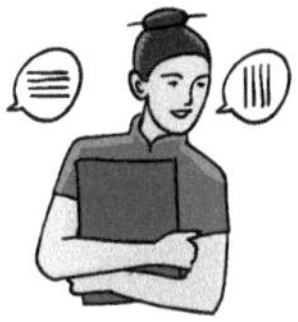

traductor

intérprete

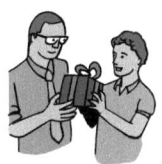

Gracias

gracias

¿cuánto cuesta…?

¿Cuánto cuesta…?

No entiendo

No entiendo

problema

problema

¡Buenas tardes!

¡Buenas tardes!

¡Buenos días!

¡Buenos días!

¡Buenas noches!

¡Buenas noches!

adiós

adiós

dirección

dirección

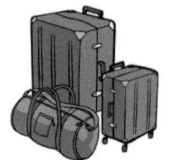

equipaje

equipaje

bolso

bolso

mochila

mochila

invitado

invitado

habitación

cuarto

bolsa de dormir

saco de dormir

carpa

tienda de campaña

| | | |
|---|---|---|
|  |  |  |
| información turística | playa | tarjeta de crédito |
| información al turista | playa | tarjeta de crédito |
|  |  |  |
| desayuno | almuerzo | cena |
| desayuno | almuerzo | cena |
|  |  |  |
| pasaje | ascensor | sello |
| pasaje | ascensor | sello |
|  |  |  |
| frontera | aduana | embajada |
| límite | aduana | embajada |
|  |  | |
| visa | pasaporte | |
| visa | pasaporte | |

# transporte

transporte

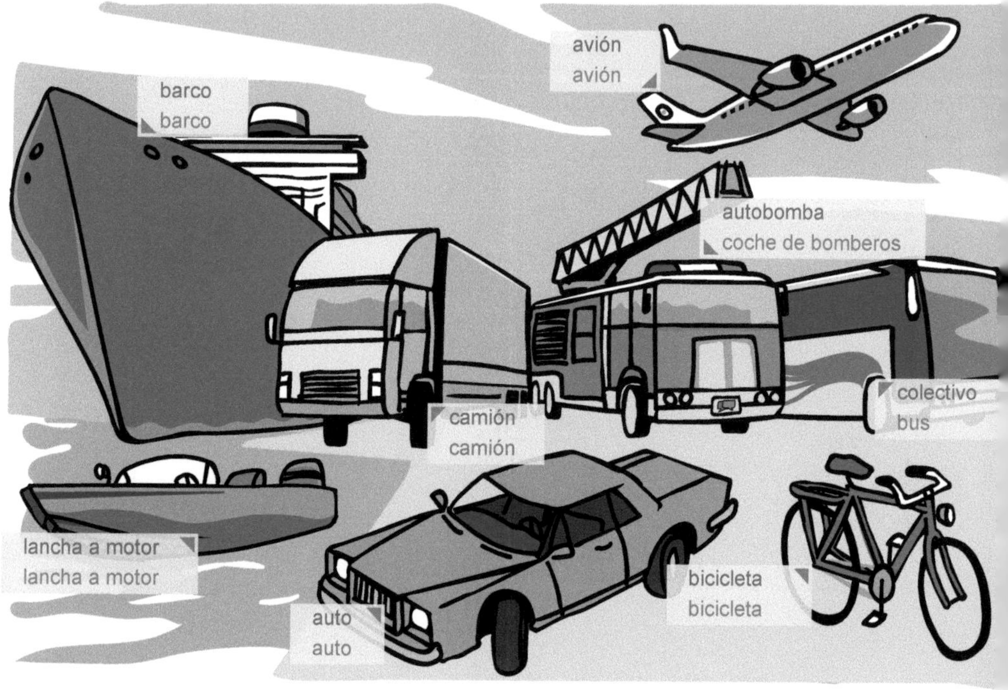
avión
avión
barco
barco
autobomba
coche de bomberos
colectivo
bus
camión
camión
lancha a motor
lancha a motor
bicicleta
bicicleta
auto
auto

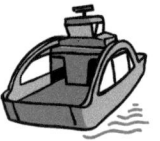

ferry

balsa

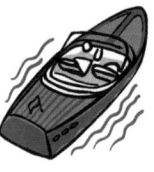

bote

lancha

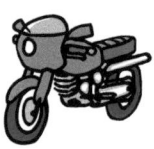

moto

motocicleta

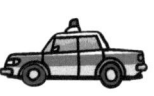

patrullero

auto de policía

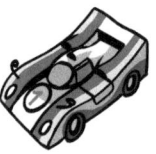

auto de carreras

auto de carreras

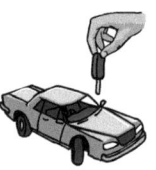

auto de alquiler

auto de alquiler

alquiler de autos
alquiler de autos

grúa
grúa

camión de basura
vehículo recolector de basura

motor
motor

nafta
gasolina

estación de servicio
gasolinera

señal de tránsito
señal de tráfico

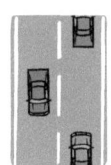

tránsito
tránsito

embotellamiento
atasco

estacionamiento
estacionamiento

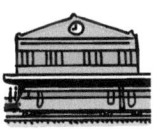

estación de tren
estación de tren

vías
carril

tren
tren

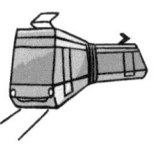

tranvía
tranvía

vagón
vagón

helicóptero
helicóptero

aeropuerto
aeropuerto

torre
torre

pasajero
pasajero

contenedor
contenedor

caja de cartón
caja de cartón

carretilla
carro

canasta
cesta

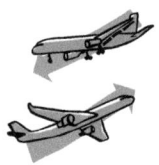

despegar / aterrizar
despegar / aterrizar

## ciudad
ciudad

pueblo
aldea

centro de ciudad
centro de la ciudad

casa
casa

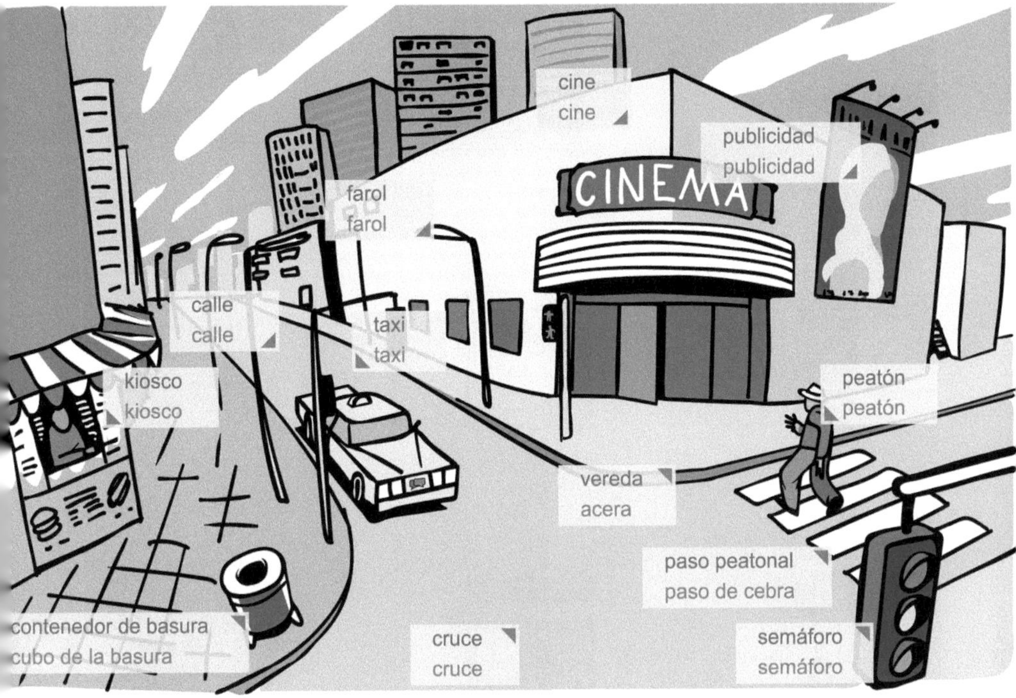

cine
cine

publicidad
publicidad

farol
farol

CINEMA

calle
calle

taxi
taxi

kiosco
kiosco

peatón
peatón

vereda
acera

paso peatonal
paso de cebra

contenedor de basura
cubo de la basura

cruce
cruce

semáforo
semáforo

cabaña
cabaña

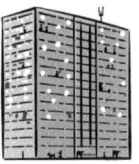

departamento
apartamento

estación de tren
estación de tren

municipalidad
ayuntamiento

museo
museo

colegio
escuela

universidad

universidad

banco

banco

hospital

hospital

hotel

hotel

farmacia

farmacia

oficina

oficina

librería

librería

negocio

negocio

florería

florería

supermercado

supermercado

mercado

mercado

grandes tiendas

grandes almacenes

pescadería

pescadería

centro comercial

centro comercial

puerto

puerto

ciudad - ciudad

parque
parque

banco
banco

puente
puente

escaleras
escalera

subte
metro

túnel
túnel

parada del colectivo
parada de autobuses

bar
bar

restaurante
restaurante

buzón
buzón de correo

letrero
letrero

parquímetro
parquímetro

zoológico
zoológico

pileta
piscina

mezquita
mezquita

granja

granja

contaminación

polución

cementerio

cementerio

iglesia

iglesia

juegos infantiles

parque infantil

templo

templo

## paisaje

## paisaje

hoja
hoja

poste indicador
indicador de camino

camino
sendero

pradera
pradera

piedra
piedra

excursionista
caminante

árbol
árbol

río
río

hierba
pasto

flor
flor

valle

valle

montaña

montaña

lago

lago

bosque

bosque

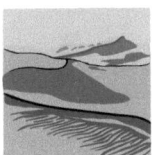

desierto

desierto

volcán

volcán

castillo

castillo

arco iris

arco iris

champiñón

seta

palmera

palmera

mosquito

mosquito

mosca

mosca

hormiga

hormiga

abeja

abeja

araña

araña

escarabajo

escarabajo

rana

rana

ardilla

ardilla

erizo

erizo

liebre

liebre

lechuza

lechuza

pájaro

pájaro

cisne

cisne

jabalí

jabalí

ciervo

ciervo

alce

alce

presa

embalse

aerogenerador

aerogenerador

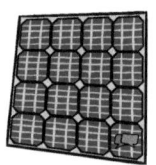

panel solar

módulo solar

clima

clima

# restaurante

restaurante

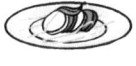

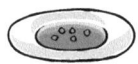

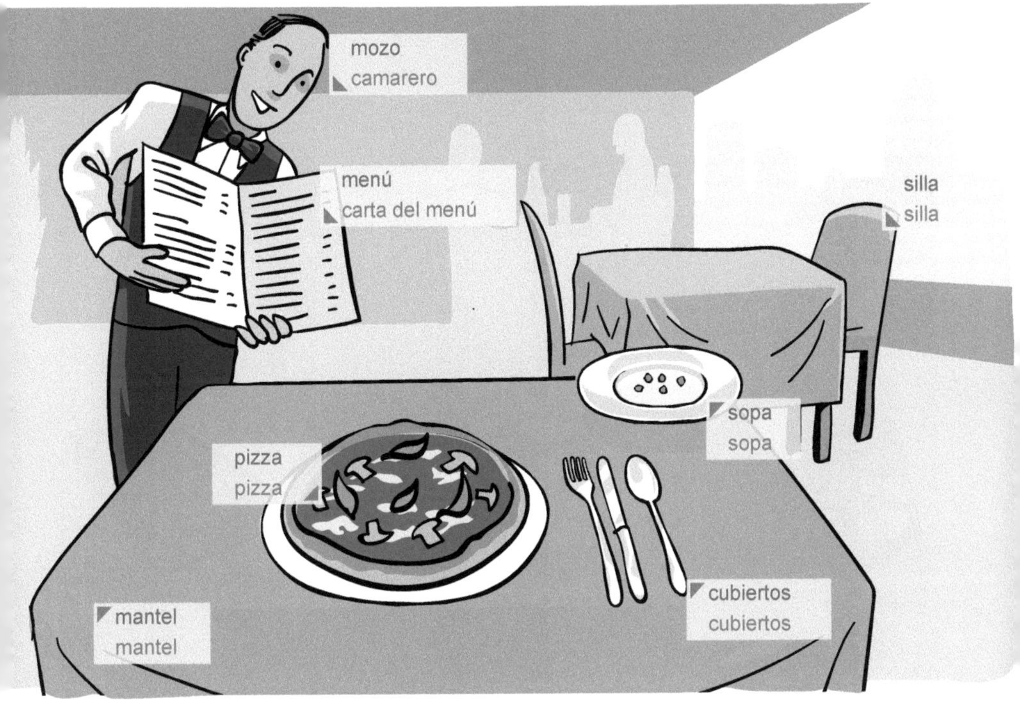
mozo
camarero
menú
carta del menú
silla
silla
sopa
sopa
pizza
pizza
cubiertos
cubiertos
mantel
mantel

entrada
entrada

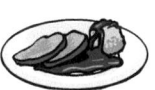

plato principal
plato principal

postre
postre

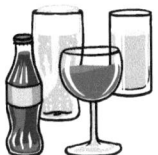

bebidas
bebida

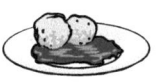

comida
comida

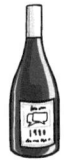

botella
botella

comida rápida

comida rápida

comida callejera

comida callejera

tetera

tetera

azucarera

azucarera

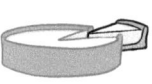

porción

porción

cafetera expreso

máquina de espresso

sillita alta

silla alta

cuenta

factura

bandeja

bandeja

cuchillo

cuchillo

tenedor

tenedor

cuchara

cuchara

cucharita

cuchara de té

servilleta

servilleta

vaso

vaso

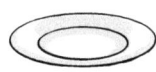

plato

plato

plato hondo

plato de sopa

plato

platillo

salsa

salsa

salero

salero

molinillo de pimienta

molinillo para pimienta

vinagre

vinagre

aceite

aceite

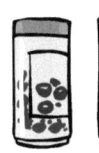

especias

especias

kétchup

ketchup

mostaza

mostaza

mayonesa

mayonesa

# supermercado

supermercado

oferta especial
oferta
cliente
cliente
lácteos
productos lácteos
changuito
carrito de compras
fruta
fruta
FOR

BUTCHERS

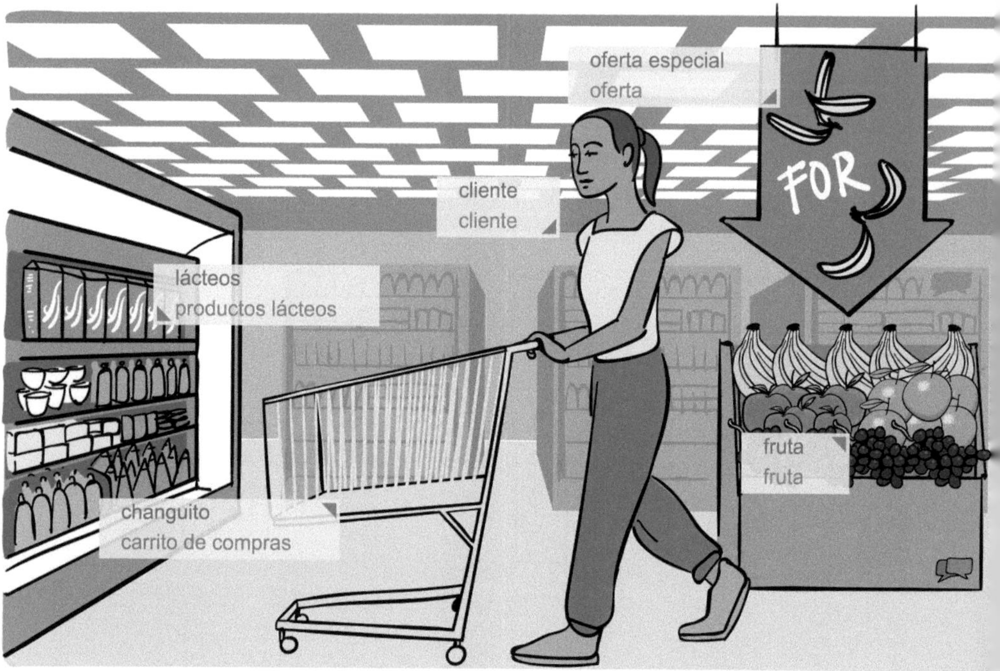

carnicería

carnicería

BAKERY

panadería

panadería

pesar

pesar

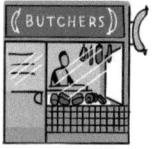

verduras

verdura

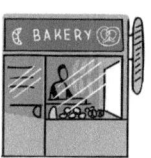

carne

carne

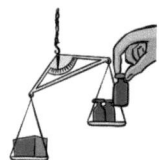

alimentos congelados

alimentos congelados

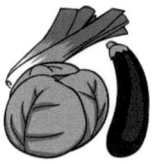

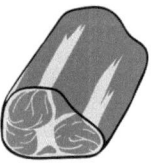

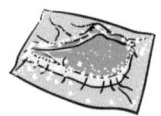

fiambres

fiambre

alimentos enlatados

conservas

detergente en polvo

detergente en polvo

golosinas

dulces

electrodomésticos

artículos domésticos

productos de limpieza

productos de limpieza

vendedora

vendedora

caja

caja

cajero

cajero

lista de compras

lista de compras

horario de atención

horario de atención

billetera

cartera

tarjeta de crédito

tarjeta de crédito

cartera

maleta

bolsa de plástico

bolsa plástica

agua

agua

jugo

jugo

leche

leche

bebida cola

refresco de cola

vino

vino

cerveza

cerveza

alcohol

alcohol

cacao

cacao

té

té

café

café

café expreso

espresso

cappuccino

cappuccino

banana

banana

manzana

manzana

naranja

naranja

melón

sandía

limón

limón

zanahoria

zanahoria

ajo

ajo

bambú

bambú

cebolla

cebolla

champiñón

seta

nueces

nueces

fideos

fideos

tallarines

espagueti

arroz

arroz

ensalada

ensalada

papas fritas

patatas fritas

papas fritas

patatas salteadas

pizza

pizza

hamburguesa

hamburguesa

sándwich

sándwich

churrasco

escalope

jamón

jamón

salame

salame

salchicha

embutido

pollo

pollo

asado

asado

pescado

pescado

copos de avena
copos de avena

muesli
musli

copos de maíz
copos de maíz tostado

harina
harina

medialuna
croissant

pancito
panecillo

pan
pan

tostada
tostada

galletitas
galletas

manteca
mantequilla

cuajada
cuajada

torta
pastel

huevo
huevo

huevo frito
huevo frito

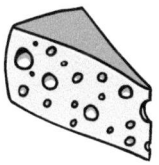

queso
queso

helado

helado

azúcar

azúcar

miel

miel

mermelada

mermelada

pasta de chocolate

praliné

curry

curry

comida - comida

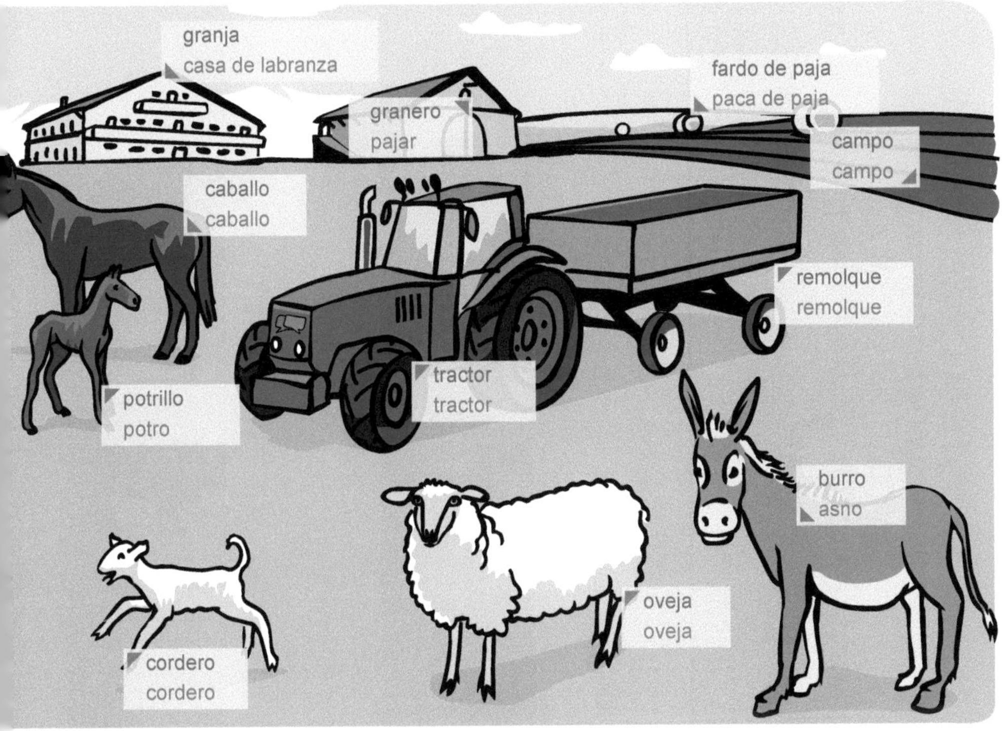

granja
casa de labranza

fardo de paja
paca de paja

granero
pajar

campo
campo

caballo
caballo

remolque
remolque

potrillo
potro

tractor
tractor

burro
asno

oveja
oveja

cordero
cordero

| | | |
|---|---|---|
|  |  |  |
| cabra | vaca | ternero |
| cabra | vaca | ternero |
|  |  |  |
| cerdo | lechón | toro |
| cerdo | lechón | toro |

ganso

ganso

pato

pato

pollo

polluelo

gallina

pollo

gallo

gallo

rata

rata

gato

gato

ratón

ratón

buey

buey

perro

perro

cucha

caseta del perro

manguera

manguera de riego

regadera

regadera

guadaña

guadaña

arado

arado

granja - granja

hoz
hoz

azada
azada

horquilla
bieldo

hacha
hacha

carretilla
carretilla

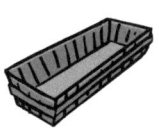

abrevadero
abrevadero

lechera
lechera

bolsa
saco

reja
cerca

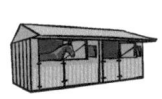

establo
establo

invernadero
invernadero

suelo
suelo

semilla
semilla

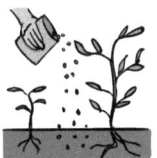

fertilizador
fertilizante

cosechadora
cosechadora

granja - granja

cosechar

cosechar

cosecha

cosecha

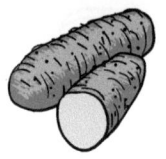

batatas

raíz de ñame

trigo

trigo

soja

soja

papa

patata

maíz

maíz

semilla de colza

colza

árbol frutal

Árbol frutal

mandioca

mandioca

cereales

cereales

# casa

# casa

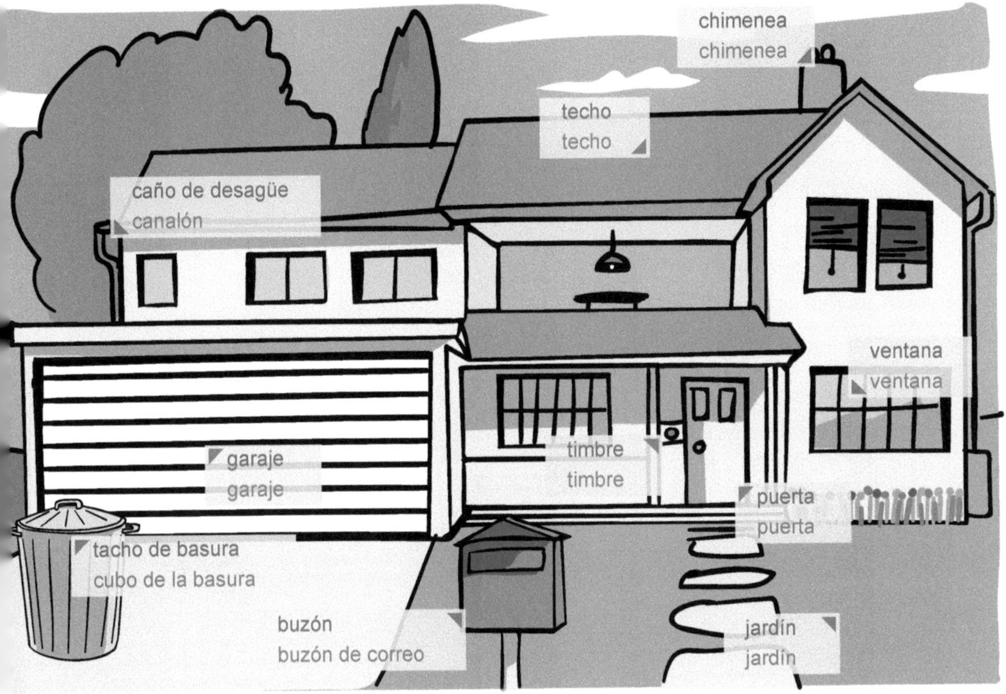
chimenea
chimenea
techo
techo
caño de desagüe
canalón
ventana
ventana
garaje
garaje
timbre
timbre
puerta
puerta
tacho de basura
cubo de la basura
buzón
buzón de correo
jardín
jardín

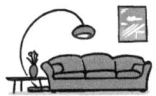

living

cuarto de estar

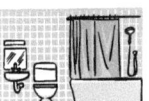

baño

cuarto de baño

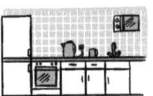

cocina

cocina

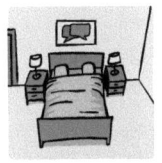

dormitorio

dormitorio

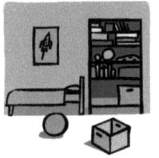

cuarto de los chicos

cuarto de los niños

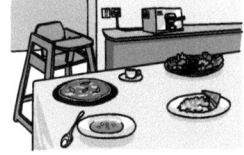

comedor

comedor

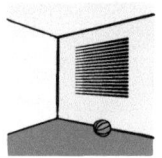

piso

piso

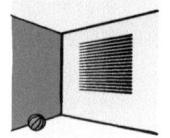

pared

pared

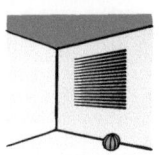

cielorraso

cielorraso

sótano

sótano

sauna

sauna

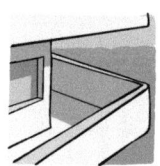

balcón

balcón

terraza

terraza

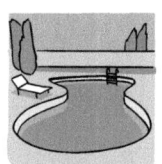

pileta

piscina

cortadora de pasto

cortacésped

sábana

funda nórdica

acolchado

edredón

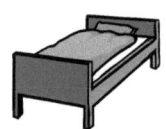

cama

cama

escoba

escoba

balde

cubo

interruptor

interruptor

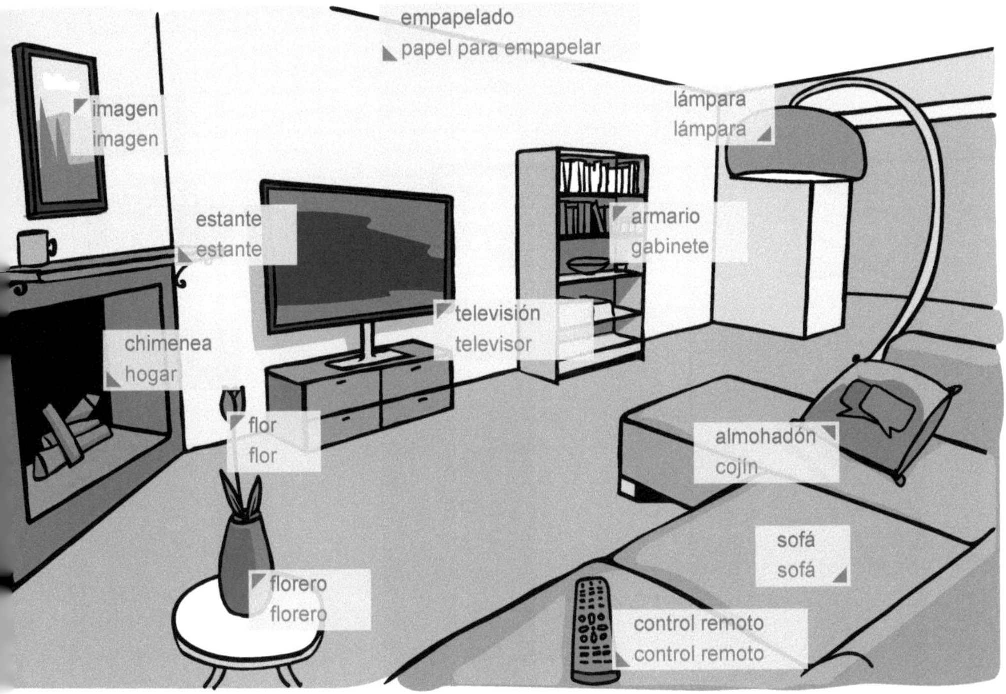

empapelado
papel para empapelar

imagen
imagen

lámpara
lámpara

estante
estante

armario
gabinete

chimenea
hogar

televisión
televisor

flor
flor

almohadón
cojín

florero
florero

sofá
sofá

control remoto
control remoto

alfombra
alfombra

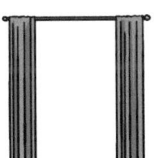

cortina
cortina

mesa
mesa

silla
silla

mecedora
mecedora

sillón
sillón

libro
libro

frazada
frazada

decoración
decoración

leña
leña

película
film

equipo de música
equipo estereofónico

llave
llave

diario
periódico

pintura
cuadro

póster
póster

radio
radio

cuaderno
bloc de notas

aspiradora
aspiradora

cactus
cactus

vela
vela

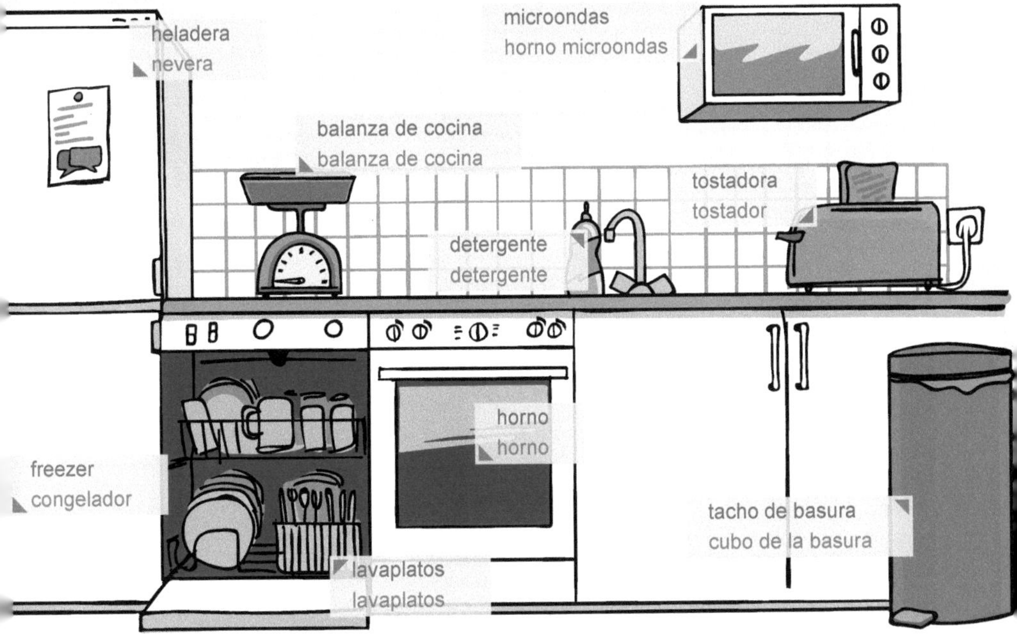

heladera
nevera

microondas
horno microondas

balanza de cocina
balanza de cocina

tostadora
tostador

detergente
detergente

freezer
congelador

horno
horno

tacho de basura
cubo de la basura

lavaplatos
lavaplatos

cocina
cocina

olla
olla

olla de hierro fundido
olla de fundición de hierro

wok
wok / kadai

sartén
sartén

pava
hervidor de agua

vaporera

olla de vapor

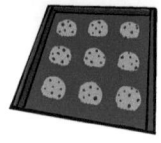

bandeja de horno

bandeja de horno

vajilla

vajilla

taza

vaso

bol

bol

palitos

palillos para comer

cucharón

cucharón de sopa

estpátula

espátula

batidora

batidor

colador

colador

colador

cedazo

rallador

rallador

mortero

mortero

parrilla

parrillada

fogata

fogata

tabla de picar

tabla de picar

palo de amasar

rodillo

sacacorchos

sacacorchos

lata

lata

abrelatas

abrelatas

manopla

agarrador

pileta

fregadero

cepillo

cepillo

esponja

esponja

batidora

batidora

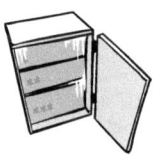

congelador

arcón congelador

mamadera

biberón

canilla

grifo

## cuarto de baño

ducha
ducha
calefacción
calefacción
toalla
toalla
cortina de ducha
cortina para ducha
baño de espuma
baño de espuma
bañadera
bañera
vaso
vaso
lavarropas
lavadora
canilla
grifo
baldosas
baldosa
pelela
orinal
pileta
fregadero


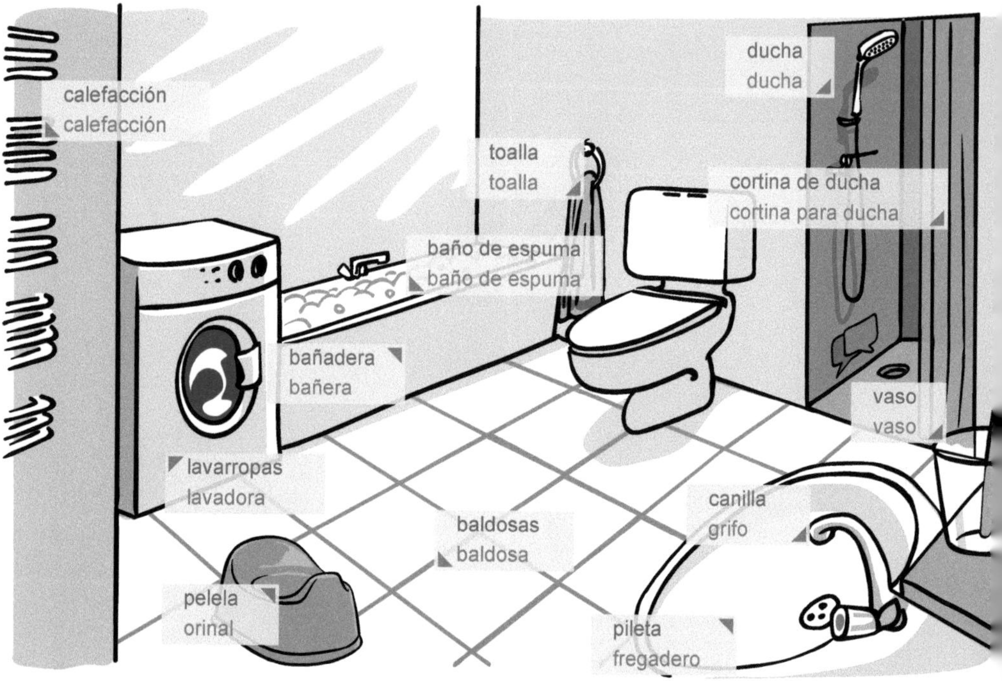

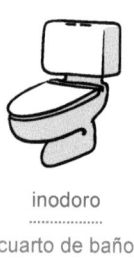

inodoro

cuarto de baño

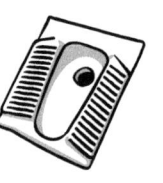

letrina

placa turca

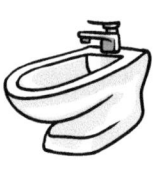

bidé

bidé

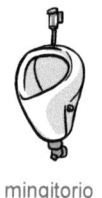

mingitorio

urinario

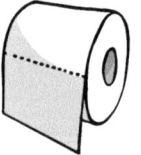

papel higiénico

papel higiénico

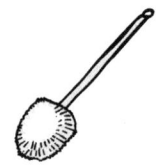

cepillo para el inodoro

escobilla para el cuarto de baño

cepillo de dientes
cepillo de dientes

dentífrico
pasta dentífrica

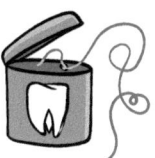

hilo dental
seda dental

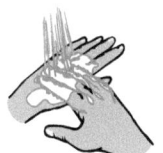

lavar
lavar

ducha de mano
ducha teléfono

ducha higiénica
ducha higiénica

palangana
cuenco

cepillo para espalda
cepillo para la espalda

jabón
jabón

gel de ducha
gel de ducha

shampoo
champú

toallita
manopla para baño

desagüe
desagüe

crema
crema

desodorante
desodorante

espejo
espejo

espejito
espejo de maquillaje

maquinita de afeitar
máquina de afeitar

espuma de afeitar
espuma de afeitar

aftershave
loción para después del
afeitado

peine
peine

cepillo
cepillo

secador de pelo
secador para cabello

spray
laca de peinado

maquillaje
maquillaje

lápiz de labios
lápiz labial

esmalte para uñas
laca para uñas

algodón
algodón

tijera para uñas
tijera para uñas

perfume
perfume

portacosméticos

neceser

banqueta

taburete

balanza

balanza

bata

bata de baño

guantes de goma

guantes de goma

tampón

tampón

toallita femenina

compresa

baño químico

wáter químico

# cuarto de los chicos
# cuarto de los niños

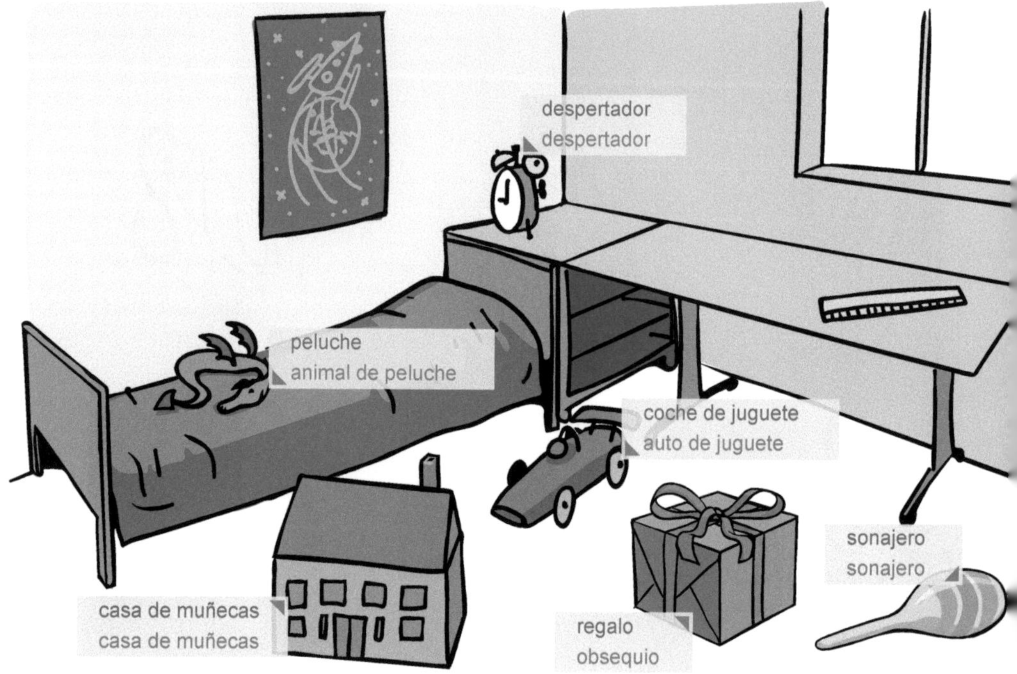
despertador
despertador
peluche
animal de peluche
coche de juguete
auto de juguete
sonajero
sonajero
casa de muñecas
casa de muñecas
regalo
obsequio

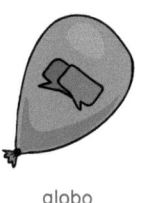

globo
globo

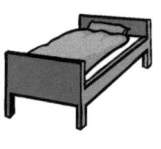

cama
cama

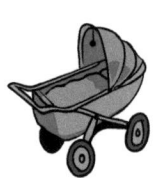

cochecito
cochecito para niños

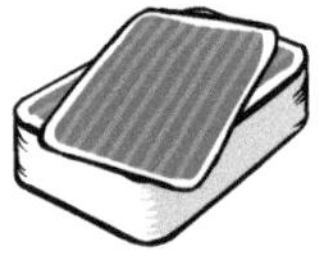

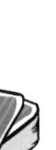

cartas
juego de barajas

rompecabezas
rompecabezas

SUPER
MEGA

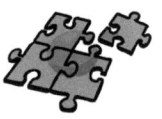

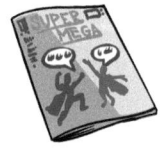

historieta
cómic

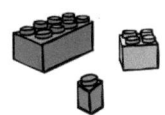

piezas de lego

piezas de Lego

ladrillos de juguete

bloques para jugar

figura de acción

figura de acción

enterito (de bebé)

pijama de una pieza

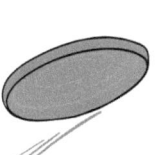

frisbee

frisbee

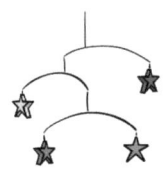

móvil para bebés

móvil

juego de mesa

juego de mesa

dados

dado

tren eléctrico

tren eléctrico a escala

chupete

chupete

fiesta

fiesta

libro de cuentos ilustrado

libro de dibujos

pelota

pelota

muñeca

títere

jugar

jugar

arenero
arenero

hamaca
columpio

juguetes
juguetes

consola de videojuegos
consola de videojuego

triciclo
triciclo

osito de peluche
osito de peluche

armario
guardarropa

# ropa
## vestimenta

medias
calcetines

medias panty
medias

calzas
panti

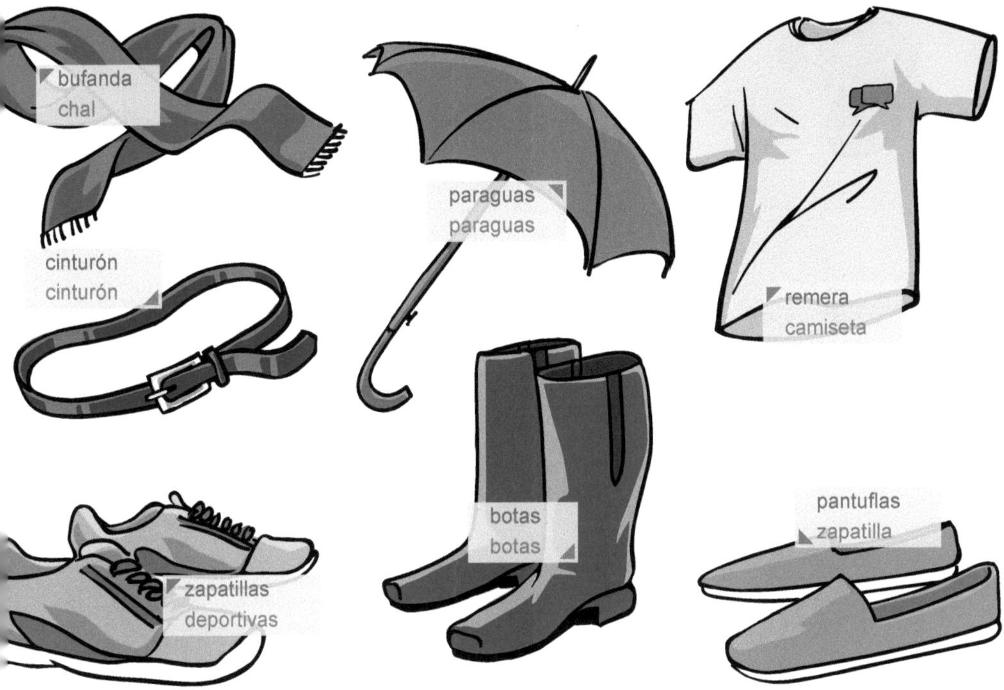

bufanda
chal

paraguas
paraguas

remera
camiseta

cinturón
cinturón

botas
botas

pantuflas
zapatilla

zapatillas
deportivas

sandalias
..............
sandalias

zapatos
..............
zapatos

botas de goma
..............
botas de goma

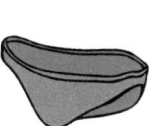

ropa interior
..............
ropa interior

corpiño
..............
corpiño

chaleco
..............
camiseta

body
body

pantalones
pantalón

jeans
jeans

pollera
falda

blusa
blusa

camisa
camisa

pulóver
pullover

buzo
sweater

blazer
blazer

campera
chaqueta

tapado
abrigo

piloto
impermeable

traje
traje chaqueta

vestido
vestido

vestido de novia
vestido de bodas

traje

traje

camisón

camisón

pijama

pijama

sari

sari

pañuelo para cabeza

pañuelo de cabeza

turbante

turbante

burka

burka

caftán

caftán

abaya

abaya

traje de baño

traje de baño

short de baño

bañador

shorts

shorts

jogging

chándal

delantal

delantal

guantes

guante

botón
botón

anteojos
gafa

pulsera
brazalete

collar
cadena

anillo
anillo

aro
aro

gorra
gorra

percha
percha

sombrero
sombrero

corbata
corbata

cierre
cierre a cremallera

casco
casco

tiradores
tiradores

uniforme escolar
uniforme escolar

uniforme
uniforme

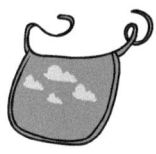

babero

babero

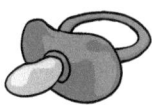

chupete

chupete

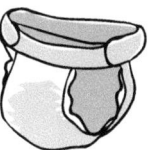

pañal

pañal

# oficina

oficina

servidor
servidor
archivero
archivador
impresora
impresora
papel
papel
monitor
monitor
mouse
ratón
escritorio
escritorio
carpeta
carpeta
teclado
teclado
tacho (de basura)
cesto de papeles
computadora
ordenador
silla
silla


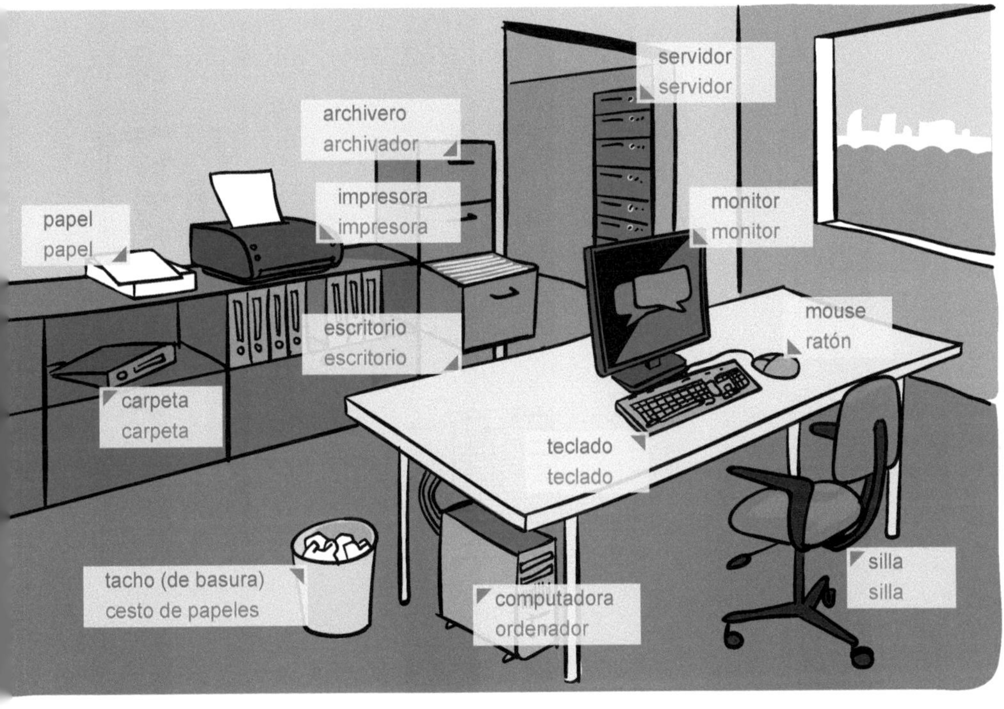

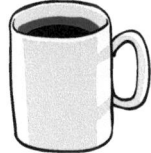

taza de café

taza de café

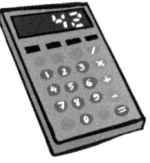

calculadora

calculadora

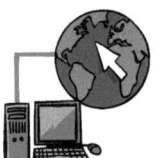

internet

internet

laptop

laptop

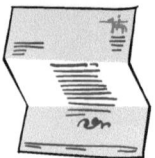

carta

carta

mensaje

mensaje

celular

teléfono móvil

red

red

fotocopiadora

fotocopiadora

software

software

teléfono

teléfono

tomacorriente

tomacorriente

fax

máquina de fax

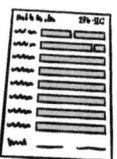

formulario

formulario

documento

documento

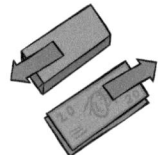

comprar

comprar

pagar

pagar

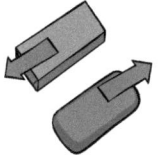

hacer negocios

comerciar

dinero

dinero

dólar

dólar

euro

euro

yen

yen

rublo

rublo

franco suizo

franco

yuan

renminbi

rupia

rupia

cajero automático

cajero automático

casa de cambio
casa de cambio

oro
oro

plata
plata

petróleo
petróleo

energía
energía

precio
precio

contrato
contrato

impuesto
impuesto

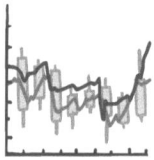

acción
acción

trabajar
trabajar

empleado
empleado

empleador
empleador

fábrica
fábrica

negocio
negocio

# ocupaciones
# ocupaciones

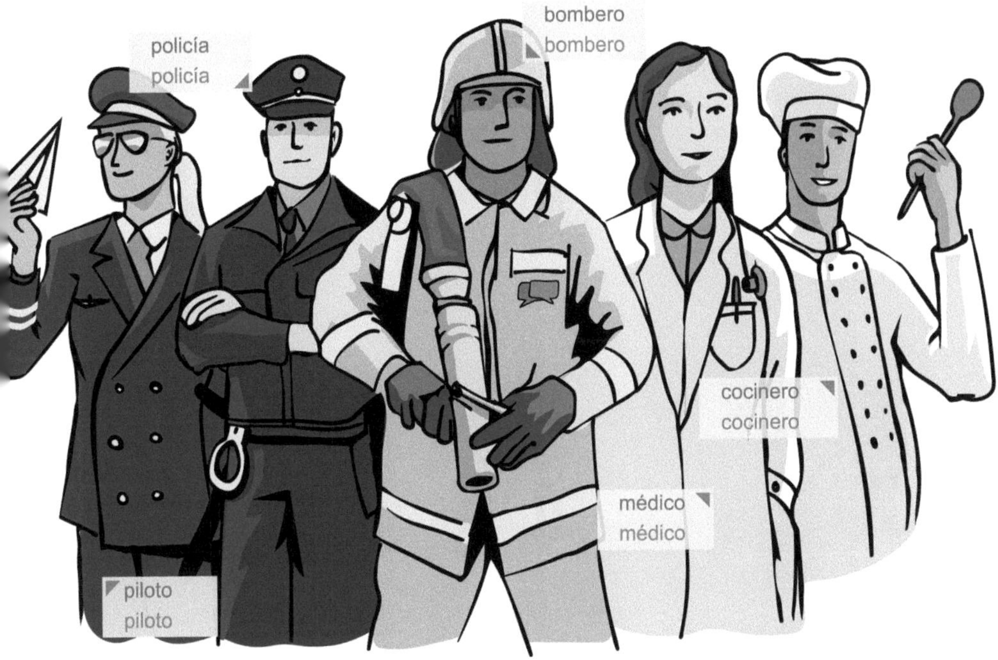
policía
policía
bombero
bombero
cocinero
cocinero
médico
médico
piloto
piloto

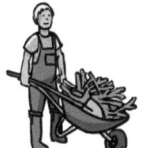

jardinero

jardinero

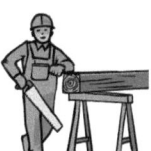

carpintero

carpintero

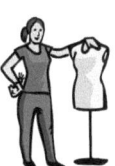

modista

costurera

juez

juez

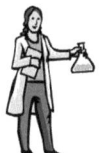

farmacéutico

químico

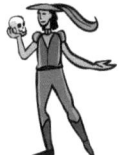

actor

actor

colectivero

conductor de autobús

taxista

taxista

pescador

pescador

mucama

mujer de la limpieza

techista

techista

mozo

camarero

cazador

cazador

pintor

pintor

panadero

panadero

electricista

electricista

albañil

albañil

ingeniero

ingeniero

carnicero

carnicero

plomero

fontanero

cartero

cartero

soldado

soldado

arquitecto

arquitecto

cajero

cajero

florista

florista

peluquero

peluquero

cobrador

cobrador

mecánico

mecánico

capitán

capitán

dentista

odontólogo

científico

científico

rabino

rabino

imán

imam

monje

monje

sacerdote

párroco

# herramientas

## herramientas

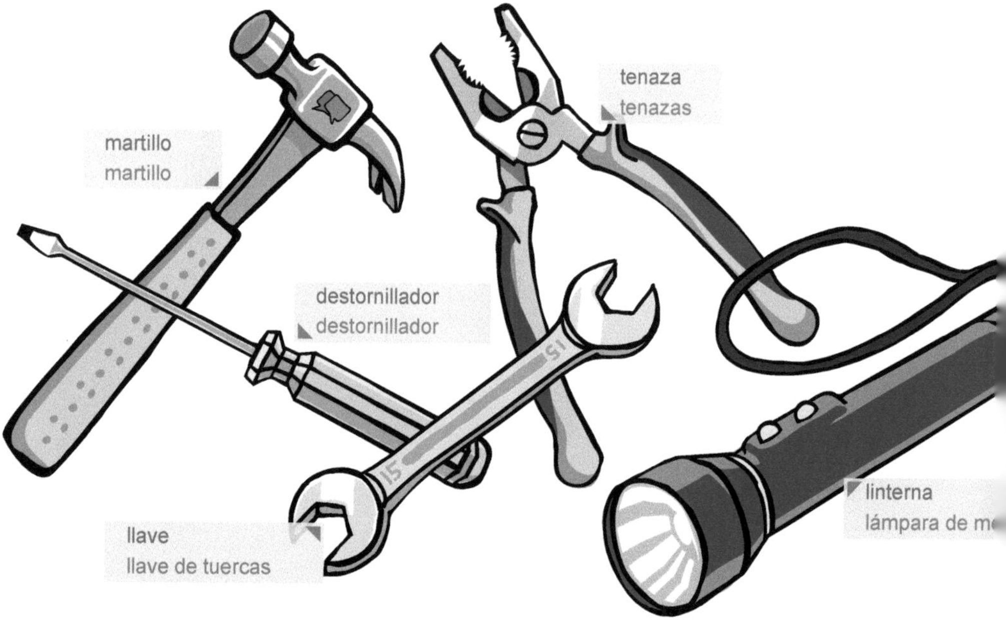
tenaza
tenazas
martillo
martillo
destornillador
destornillador
linterna
lámpara de
llave
llave de tuercas

excavadora

excavadora

caja de herramientas

caja de herramientas

escalera portátil

escalerilla

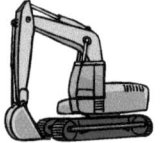

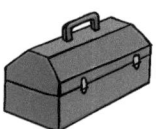

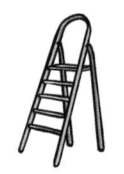

sierra

serrucho

clavos

clavos

taladro

taladro

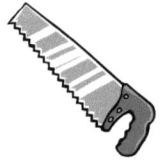

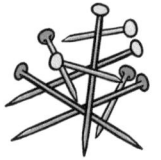

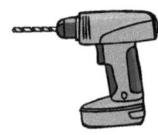

arreglar
reparar

pala de jardín
pala

¡Qué bronca!
¡Maldición!

pala de plástico
recogedor

tacho de pintura
lata de pintura

tornillos
tornillos

## instrumentos musicales
## instrumentos musicales

batería
batería

parlante
altavoz

guitarra
guitarra

contrabajo
contrabajo

trompeta
trompeta

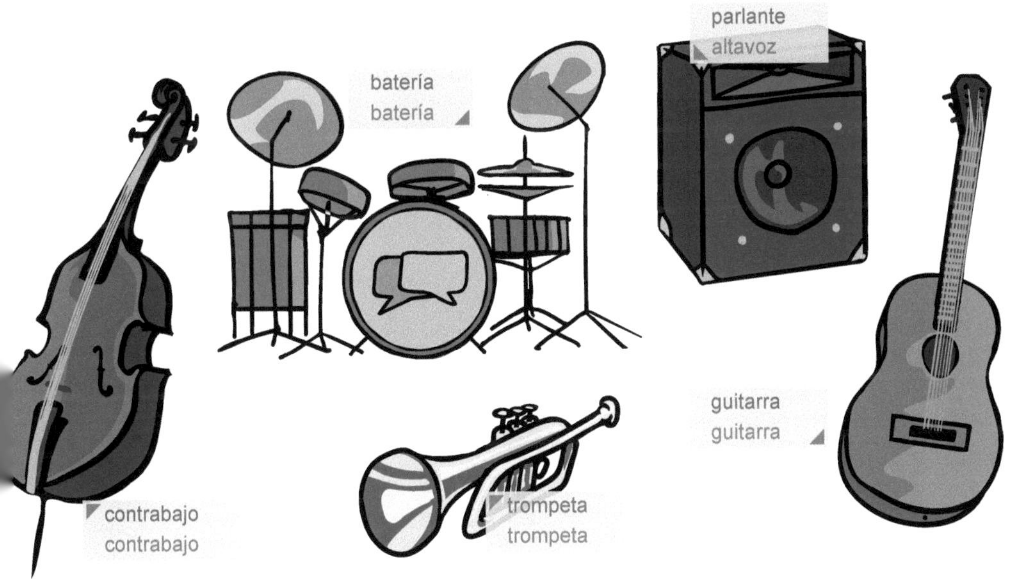

piano

piano

violín

violín

bajo

bajo

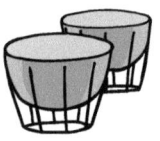

timbales

timbales

tambor

tambor

teclado

teclado

saxofón

saxofón

flauta

flauta

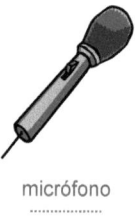

micrófono

micrófono

entrada
entrada

tigre
tigre

jaula
jaula

cebra
cebra

alimento para animales
comida para animales

oso panda
panda

animales
animales

elefante
elefante

canguro
canguro

rinoceronte
rinoceronte

gorila
gorila

oso
oso

camello

camello

avestruz

avestruz

león

león

mono

mono

flamenco

flamengo

loro

papagayo

oso polar

oso polar

pingüino

pingüino

tiburón

tiburón

pavo real

pavo real

serpiente

serpiente

cocodrilo

cocodrilo

cuidador del zoológico

cuidador del zoológico

foca

foca

jaguar

jaguar

zoológico - zoológico

poni

pony

leopardo

leopardo

hipopótamo

hipopótamo

jirafa

jirafa

águila

águila

jabalí

jabalí

pescado

pescado

tortuga

tortuga

morsa

morsa

zorro

zorro

gacela

gacela

fútbol americano
fútbol americano

ciclismo
ciclismo

tenis
tenis

básquet
baloncesto

natación
natación

boxeo
boxeo

hockey sobre hielo
hockey sobre hielo

fútbol
fútbol

bádminton
badminton

atletismo
atletismo

handball
balonmano

esquí
esquí

polo
polo

# actividades
actividades

reír
reír
saltar
saltar
abrazar
abrazar
caminar
caminar
cantar
cantar
soñar
soñar
rezar
rezar
besar
besar

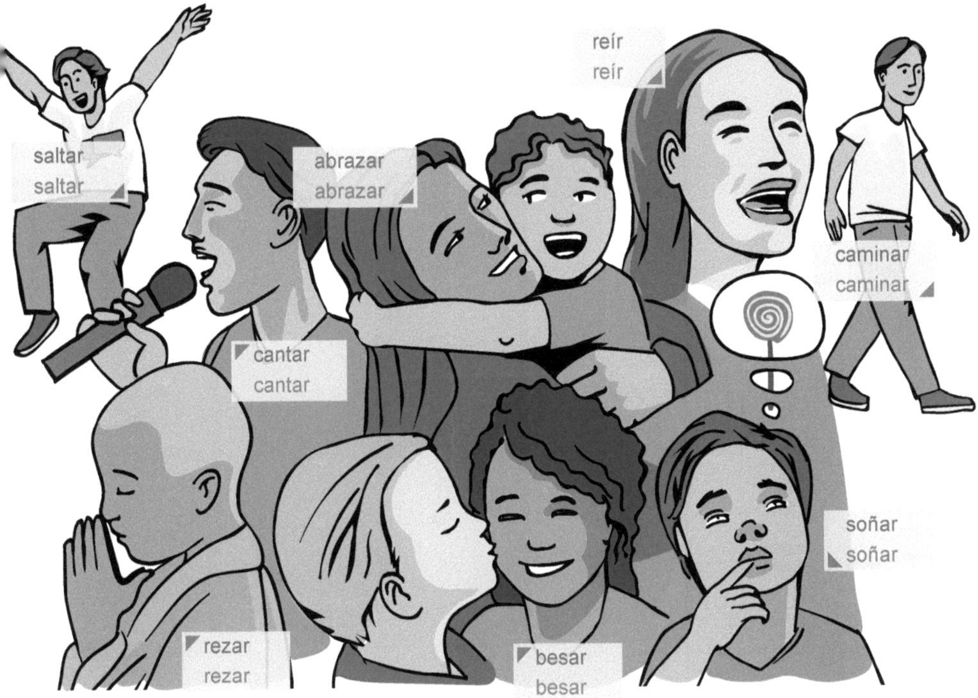

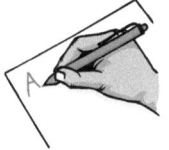

escribir
escribir

dibujar
dibujar

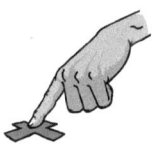

mostrar
mostrar

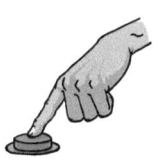

presionar
presionar

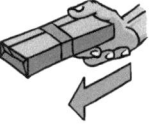

dar
dar

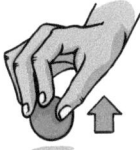

tomar
tomar

tener
............
tener

hacer
............
hacer

ser
............
ser

estar parado
............
estar de pie

correr
............
correr

tirar
............
tirar

tirar
............
arrojar

caer
............
caer

estar acostado
............
estar acostado

esperar
............
esperar

llevar
............
llevar

estar sentado
............
estar sentado

vestirse
............
vestirse

dormir
............
dormir

despertar
............
despertar

mirar

mirar

llorar

llorar

acariciar

acariciar

peinar

peinarse

hablar

conversar

entender

entender

preguntar

preguntar

escuchar

oír

beber

beber

comer

comer

ordenar

asear

amar

amar

cocinar

cocinar

manejar

conducir

volar

volar

navegar

navegar

calcular

calcular

leer

leer

aprender

aprender

trabajar

trabajar

casarse

casarse

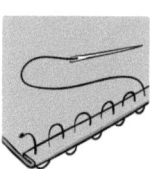

coser

coser

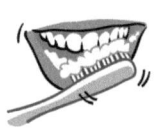

cepillarse los dientes

limpiarse los dientes

matar

matar

fumar

fumar

enviar

enviar

actividades - actividades

abuela
abuela

abuelo
abuelo

padre
padre

madre
madre

bebé
bebé

hija
hija

hijo
hijo

invitado

invitado

tía

tía

tío

tío

hermano

hermano

hermana

hermana

# cuerpo
# cuerpo

frente
frente
ojo
ojo
hombro
hombro
dedo
dedo
cara
cara
pera
barbilla
mano
mano
pecho
pecho
pierna
pierna
brazo
brazo

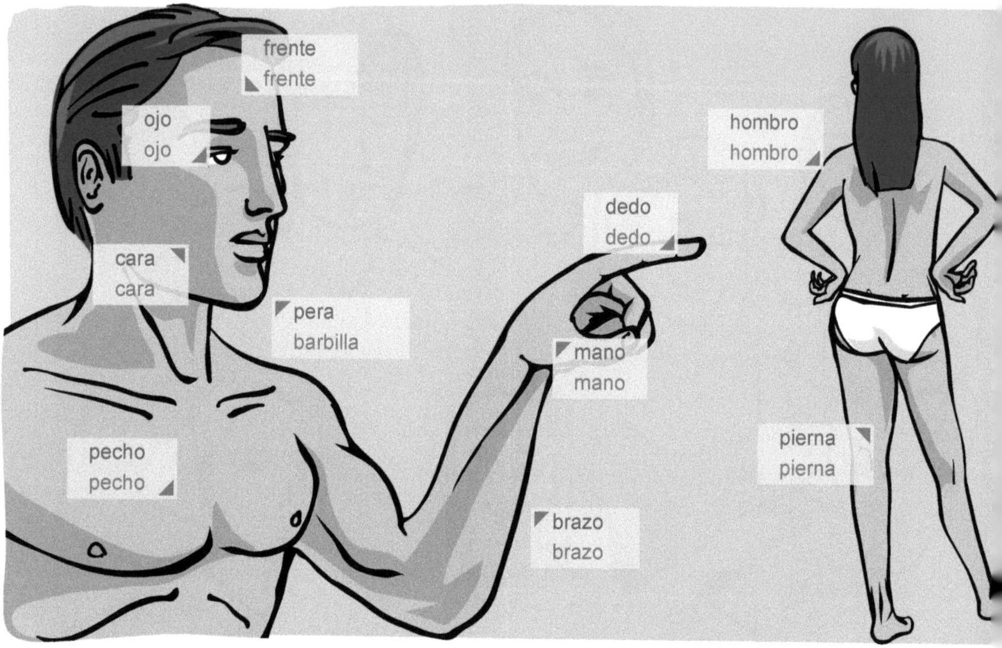

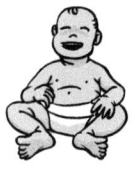

bebé

bebé

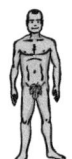

hombre

hombre

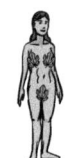

mujer

mujer

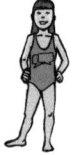

nena

muchacha

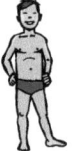

nene

joven

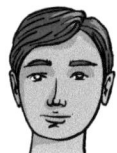

cabeza

cabeza

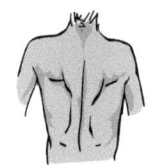

espalda

espalda

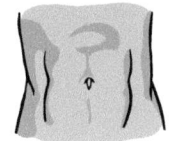

panza

vientre

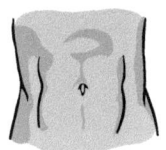

ombligo

ombligo

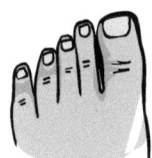

dedo del pie

dedo del pie

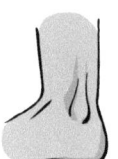

talón

talón

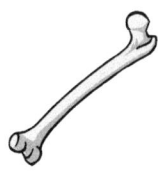

hueso

hueso

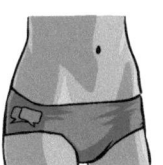

cadera

cadera

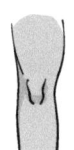

rodilla

rodilla

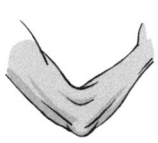

codo

codo

nariz

nariz

cola

trasero

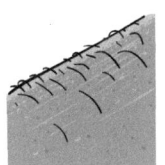

piel

piel

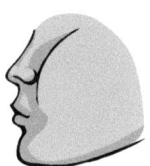

cachete

mejilla

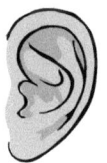

oreja

oreja

labio

labio

boca
boca

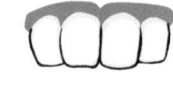

diente
diente

lengua
lengua

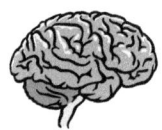

cerebro
cerebro

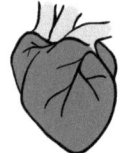

corazón
corazón

músculo
músculo

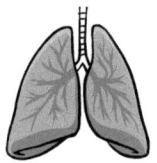

pulmón
pulmón

hígado
hígado

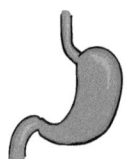

estómago
estómago

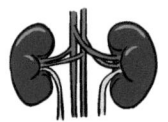

riñones
riñones

sexo
relación sexual

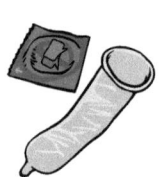

preservativo
condón

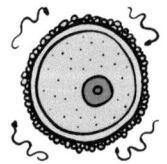

óvulo
Óvulo

semen
esperma

embarazo
embarazo

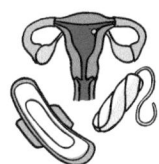

menstruación
menstruación

vagina
vagina

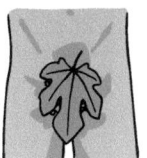

pene
pene

ceja
ceja

pelo
cabello

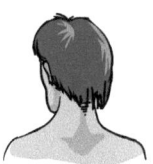

cuello
cuello

# hospital
# hospital

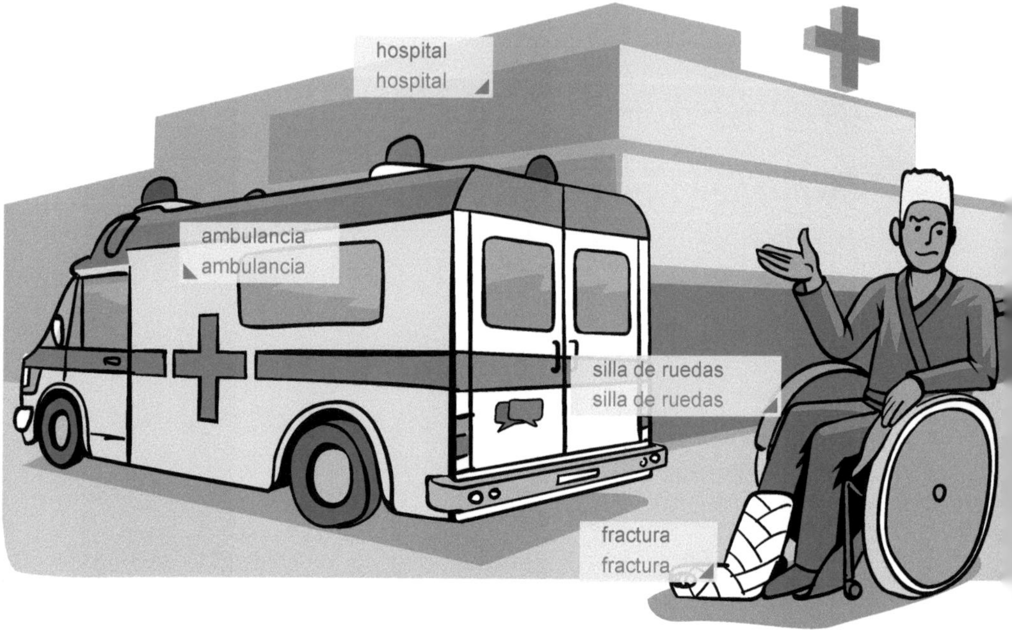

hospital
hospital
ambulancia
ambulancia
silla de ruedas
silla de ruedas
fractura
fractura

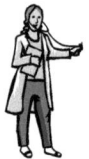

médico
médico

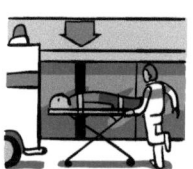

sala de guardia
admisión de urgencia

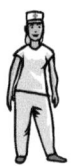

enfermera
enfermera

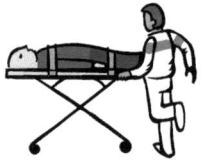

emergencia
emergencia

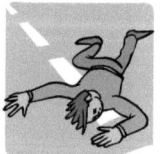

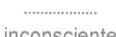

inconsciente
inconsciente

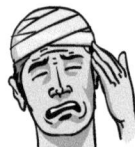

dolor
dolor

lesión

lesión

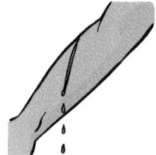

hemorragia

hemorragia

infarto

infarto de miocardio

ACV

apoplejía cerebral

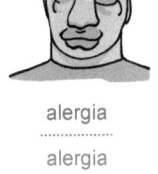

alergia

alergia

tos

tos

fiebre

fiebre

gripe

gripe

diarrea

diarrea

dolor de cabeza

dolor de cabeza

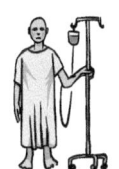

cáncer

cáncer

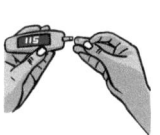

diabetes

diabetes

cirujano

cirujano

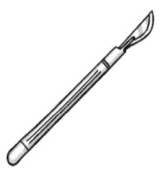

bisturí

escalpelo

operación

operación

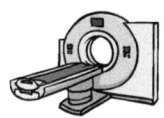

TC
TC

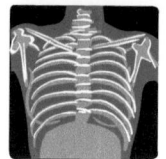

rayos x
rayos X

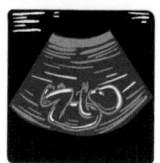

ecografía
ultrasonido

barbijo
máscara

enfermedad
enfermedad

sala de espera
sala de espera

muleta
muleta

curita
emplasto

venda
vendaje

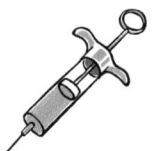

inyección
inyección

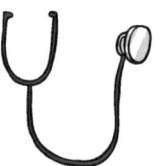

estetoscopio
estetoscopio

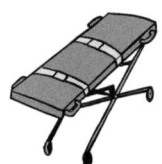

camilla
camilla

termómetro
termómetro

nacimiento
nacimiento

sobrepeso
sobrepeso

hospital - hospital

audífono
audífono

desinfectante
desinfectante

infección
infección

virus
virus

VIH / SIDA
VIH / SIDA

remedio
medicina

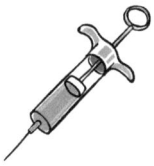

vacunación
vacunación

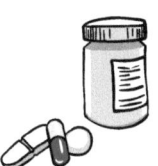

comprimidos
comprimido

pastilla anticonceptiva
píldora anticonceptiva

lamada de emergencia
lamada de emergencia

tensiómetro
medidor de presión arterial

enfermo / sano
enfermo / saludable

¡Ayuda!

¡Ayuda!

alarma

alarma

agresión

asalto

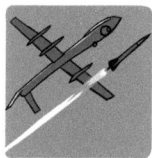

ataque

ataque

peligro

peligro

salida de emergencia

salida de emergencia

¡Fuego!

¡Fuego!

matafuego

extintor

accidente

accidente

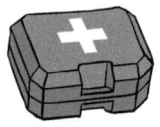

botiquín de primeros
auxilios

kit de primeros auxilios

SOS

SOS

policía

Policía

Europa

Europa

América del Norte

América del Norte

América del Sur

América del Sur

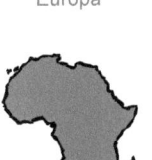

África

África

Asia

Asia

Australia

Australia

Atlántico

Atlántico

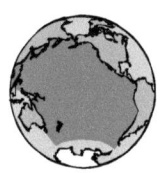

Pacífico

Pacífico

Océano Índico

Océano Índico

Océano Antártico

Océano Antártico

Océano Ártico

Océano Ártico

polo norte

Polo Norte

polo sur

Polo Sur

Antártida

Antártida

Tierra

Tierra

tierra

país

mar

mar

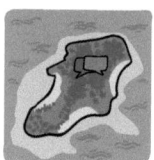

isla

isla

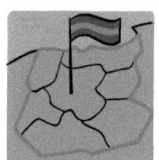

nación

nación

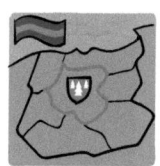

estado

Estado

esfera

cuadrante

manecilla de las horas

horario

minutero

minutero

segundero

segundero

¿Qué hora es?

¿Qué hora es?

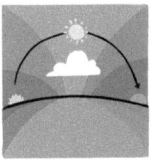

día

día

hora

tiempo

ahora

ahora

reloj digital

reloj digital

minuto

minuto

hora

hora

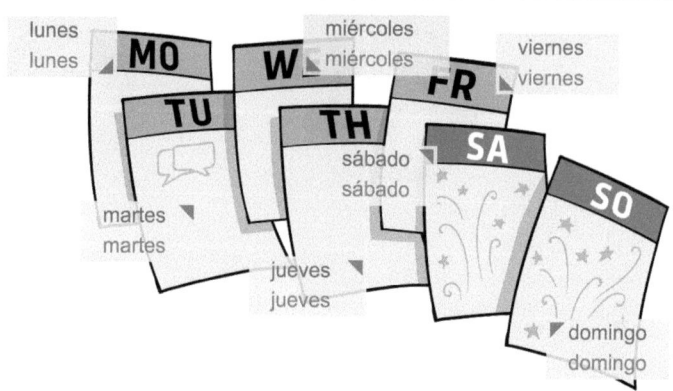

lunes
lunes

miércoles
miércoles

viernes
viernes

martes
martes

sábado
sábado

jueves
jueves

domingo
domingo

ayer
ayer

hoy
hoy

mañana
mañana

mañana
mañana

mediodía
mediodía

tarde
tarde

días hábiles
jornada de trabajo

fin de semana
fin de semana

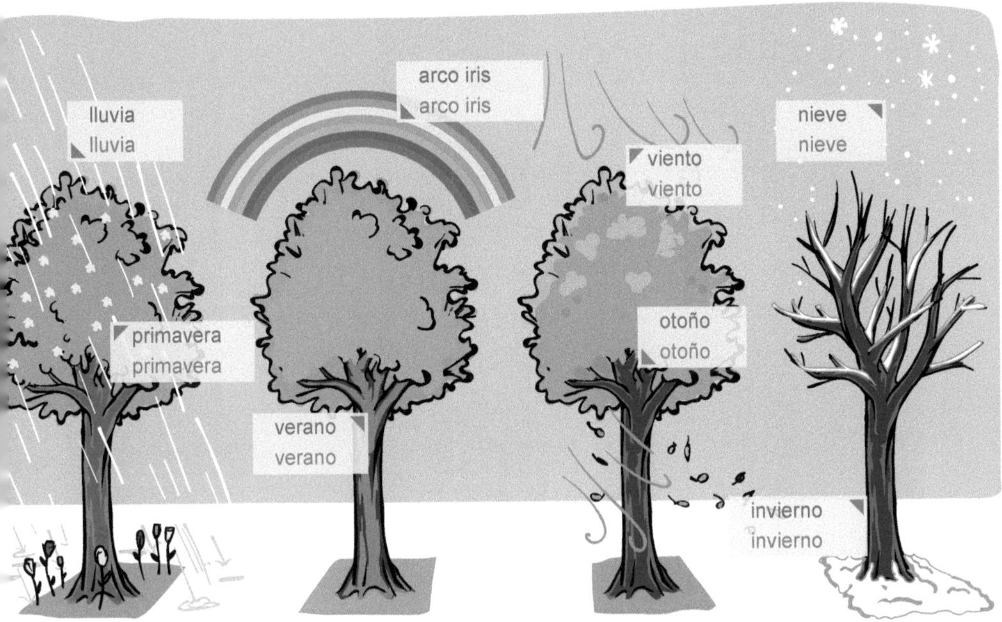

lluvia
lluvia

arco iris
arco iris

nieve
nieve

viento
viento

primavera
primavera

otoño
otoño

verano
verano

invierno
invierno

| 4.APRIL | 11° | ☀ |
| 5.APRIL | 4° | ☁ |
| 6.APRIL | 13° | ☁ |
| 7.APRIL | 8° | ❄ |
| 8.APRIL | 10° | ☀ |

ronóstico meteorológico

ronóstico meteorológico

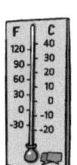

termómetro

termómetro

luz del sol

luz solar

nube

nube

niebla

niebla

humedad

humedad ambiente

rayo

relámpago

trueno

trueno

tormenta

tormenta

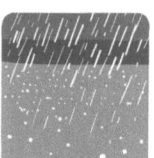

granizo

granizo

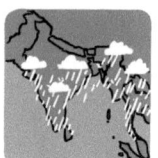

monzón

monzón

inundación

inundación

hielo

hielo

enero

enero

febrero

febrero

marzo

marzo

abril

abril

mayo

mayo

junio

junio

julio

julio

agosto

agosto

año - año

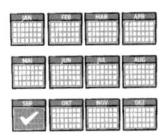

septiembre
...............
septiembre

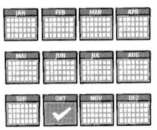

octubre
...............
octubre

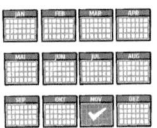

noviembre
...............
noviembre

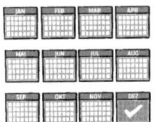

diciembre
...............
diciembre

# formas
formas

círculo
...............
círculo

cuadrado
...............
cuadrado

rectángulo
...............
rectángulo

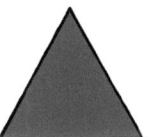

triángulo
...............
triángulo

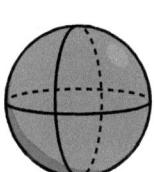

esfera
...............
esfera

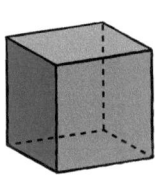

cubo
...............
cubo

blanco
........
blanco

amarillo
........
amarillo

naranja
........
anaranjado

rosa
........
rosa

rojo
........
rojo

violeta
........
lila

azul
........
azul

verde
........
verde

marrón
........
marrón

gris
........
gris

negro
........
negro

mucho / poco

mucho / poco

enojado / tranquilo

enojado / calmado

lindo / feo

bonito / feo

principio / fin

comienzo / fin

grande / chico

grande / pequeño

claro / oscuro

claro / oscuro

hermano / hermana

hermano / hermana

limpio / sucio

limpio / sucio

completo / incompleto

completo / incompleto

día / noche

día / noche

muerto / vivo

muerto / vivo

ancho / angosto

ancho / angosto

comestible / no comestible

disfrutable / no disfrutable

malo / amable

malo / amigable

entusiasmado / aburrido

excitado / aburrido

gordo / flaco

gordo / delgado

primero / último

primero / último

amigo / enemigo

amigo / enemigo

lleno / vacío

lleno / vacío

duro / blando

duro / suave

pesado / liviano

pesado / liviano

hambre / sed

hambre / sed

enfermo / sano

enfermo / saludable

ilegal / legal

ilegal / legal

inteligente / estúpido

inteligente / tonto

izquierda / derecha

izquierda / derecha

cerca / lejos

cercano / lejano

nuevo / usado
nuevo / usado

nada / algo
nada / algo

viejo / joven
viejo / joven

encendido / apagado
encendido / apagado

abierto / cerrado
abierto / cerrado

silencioso / ruidoso
bajo / fuerte

rico / pobre
rico / pobre

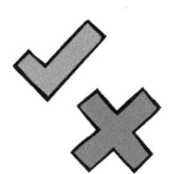

correcto / incorrecto
correcto / incorrecto

áspero / suave
áspero / liso

triste / contento
triste / alegre

corto / largo
breve / extenso

lento / rápido
lento / veloz

mojado / seco
mojado / seco

caliente / frío
caliente / frío

guerra / paz
guerra / paz

**0**

cero

cero

**1**

uno

uno

**2**

dos

dos

**3**

tres

tres

**4**

cuatro

cuatro

**5**

cinco

cinco

**6**

seis

seis

**7**

siete

siete

**8**

ocho

ocho

**9**

nueve

nueve

**10**

diez

diez

**11**

once

once

# 12
doce
doce

# 13
trece
trece

# 14
catorce
catorce

# 15
quince
quince

# 16
dieciséis
dieciséis

# 17
diecisiete
diecisiete

# 18
dieciocho
dieciocho

# 19
diecinueve
diecinueve

# 20
veinte
veinte

# 100
cien
cien

# 1.000
mil
mil

# 1.000.000
millón
millón

## idiomas

inglés
...........
inglés

inglés americano
...........
inglés estadounidense

chino mandarín
...........
chino mandarín

hindi
...........
hindi

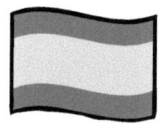

español
...........
español

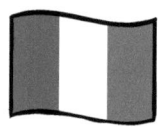

francés
...........
francés

árabe
...........
árabe

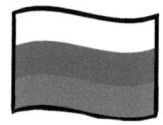

ruso
...........
ruso

portugués
...........
portugués

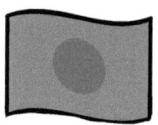

bengalí
...........
bengalí

alemán
...........
alemán

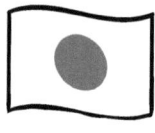

japonés
...........
japonés

yo

yo

vos

tú

él / ella

él / ella

nosotros

nosotros

ustedes

vosotros

ellos

ellos

¿quién?

¿quién?

¿qué?

¿qué?

¿cómo?

¿cómo?

¿dónde?

¿dónde?

¿cuándo?

¿cuándo?

nombre

nombre

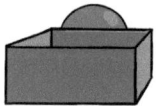

detrás

detrás

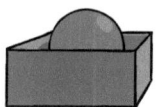

en

en

adelante de

delante de

por encima de

encima de

sobre

sobre

debajo de

debajo de

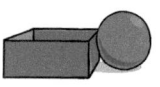

al lado de

junto a

entre

entre

lugar

lugar